IMAGEM

DA CAVERNA AO MONITOR, A AVENTURA DO OLHAR

Sergio Kon

MELHORAMENTOS

O NOSSO OLHAR

Somos muito jovens. Pouco mais de cem mil anos não é suficiente para sermos melhores e mais inteligentes que nossos ancestrais das cavernas. Na verdade, nossas habilidades são iguais. A diferença é só técnica: o que nos separa dos homens que usavam instrumentos de osso ou de pedra lascada é o tempo decorrido, durante o qual nós guardamos e combinamos conhecimentos e experiências de todas as gerações que vieram antes de nós.

Observar, registrar, aprender, transformar: nossos olhos têm, nesse processo, um papel importante. Eles observam, comparam e contemplam as coisas do mundo. A visão é o mais aguçado dos nossos sentidos e, talvez, aquele que nos permite ter mais controle sobre o ambiente que nos cerca. Por isso, podemos dizer que a *imagem* faz um elo fundamental

"A TERRA É AZUL!"

Em 1961, o astronauta russo Yuri Gagarin foi o primeiro homem a viajar pelo espaço a bordo da nave Vostok I e a ver a nossa "casa" do lado de fora. Foi quando ele exclamou: "A Terra é azul!", frase que se tornou célebre. Sete anos mais tarde, em 1968, a missão espacial americana Apollo 8 registrou na foto acima, pela primeira vez na história, a Terra, a trinta mil quilômetros de distância.

CORPO É IMAGEM

O corpo humano como imagem está presente em todos os períodos da nossa história. A pintura corporal, assim como o uso de máscaras e roupas especiais, tem muitos significados e aparece em festas e rituais de grupos humanos antigos e recentes. Afinal, a grande obsessão e modelo do homem é o próprio homem. Muitas tribos indígenas brasileiras utilizam a pintura corporal até hoje, como uma forma importante de manifestação pessoal e cultural.

entre o mundo que vemos e o mundo que compreendemos, nesses nossos mil séculos de vida. Também fica evidente a importância da *imagem* na comunicação e no relacionamento entre as pessoas. Não é à toa que, ao longo do tempo, várias e várias técnicas de registro e de reprodução de imagens foram criadas. E quase todas elas são utilizadas até hoje.

Mas, além de serem instrumentos importantes para explicar as coisas à nossa volta, as imagens assumem muitas outras funções nas sociedades: podem manter a fé e a religiosidade de pequenas ou grandes comunidades, reunindo multidões em templos monumentais ou em volta de figuras e objetos sagrados; podem servir de elemento de dominação, como nos majestosos desfiles militares da Roma antiga, numa demonstração de força e poder; podem tornar-se instrumentos de sedução, como acontece na propaganda; ou podem servir de fonte de reflexão. Elas são criadas para expressar ideias ou sentimentos que nos mostram como somos: é como se estivéssemos diante de um espelho mágico capaz de revelar-nos as nossas almas.

A *imagem* é uma criação do homem, que o expressa e reflete.

COMUNICAÇÃO

A imagem é um poderoso instrumento de comunicação entre os homens, que a usam para exprimir-se, para encantar, para dominar. Aqui temos dois exemplos de pintura: um, feito nas cavernas de Lascaux, na França, há 17 mil anos, representando um bisão (grande mamífero extinto, semelhante ao touro); outro, à esquerda, um desenho do pintor Pablo Picasso, de 1945, representando um touro.

PODER

Estruturas gigantescas, construídas pelo homem, como a Grande Muralha da China, tornam-se símbolos de dominação e da força de imperadores e de povos. A muralha chinesa começou a ser construída em 220 a.C. e foi aumentada, aperfeiçoada e fortificada por sucessivos imperadores ao longo dos anos. Durante a Dinastia Ming (1368-1644), ela foi concluída e tomou a forma que conhecemos hoje.

A IMAGEM
NOS PRIMEIROS TEMPOS

Nada tem mais impacto sobre nós do que uma boa imagem apresentada de forma convincente. As imagens que os homens pintavam nas rochas, dentro ou fora das cavernas (cujos registros datam de 40 mil anos atrás), são *representações* que falam dos hábitos, técnicas e crenças daqueles povos. Acredita-se que tais pinturas fossem produtos de visões do *xamã* – um líder religioso, supostamente dotado de poderes mágicos –, que as desenhava em lugares de difícil acesso, protegidos da curiosidade do homem comum e cercados de mistério e magia. Em ocasiões especiais, os homens se reuniam nesses locais, diante dos desenhos iluminados por tochas, numa combinação espetacular de imagem, luz e ambiente ritual. Então, aquelas pinturas se revelavam ao espectador maravilhado, enquanto o xamã as interpretava.

Esta combinação *imagem-luz-ambiente* nos acompanhará por toda a história: será notada nos grandes palácios e templos, nos monumentos e cidades, nas artes plásticas e instalações, na propaganda e na moda, no teatro e no cinema. Ela prepara nosso espírito para nos revelar a beleza, o conhecimento, a técnica. E também o poder, a vitória, a pobreza, o perigo, o medo, a violência, as tragédias e os fatos da vida.

No início, a criação de imagens era feita sobre a superfície de rochas ou de objetos de barro ou cerâmica. Nas rochas, o homem pré-histórico utilizava pedras (para fazer sulcos), pigmentos naturais (extraídos de plantas, como um pó, e dissolvidos depois em água ou óleo vegetal, formando uma pasta, a tinta) e carvão para desenhar e pintar. Os objetos podiam ser vasos, jarras ou outros recipientes de uso cotidiano ou ritual, ou então pequenas esculturas ou enfeites para o corpo.

PINTURA RUPESTRE

Rupestre quer dizer: feito na rocha. As pinturas em rochas existem em muitas das áreas habitadas pelos homens pré-históricos, o que sugere que esse tipo de manifestação fazia parte da cultura de muitos grupamentos humanos e tinha uma função social importante, geralmente associada a atividades religiosas. Essas pinturas representam, na maioria das vezes, animais; mas há numerosos exemplos de cenas representando grupos de pessoas, indivíduos e até desenhos geométricos bastante sofisticados. Na imagem à esquerda, retirada do sítio de El Cogull, na Espanha, vemos o detalhe de uma parede em que se observam figuras humanas.

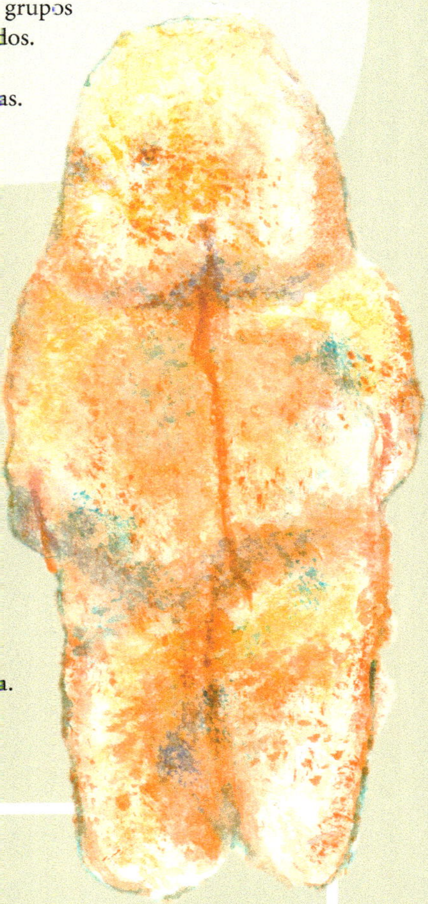

A PRIMEIRA ESCULTURA?

Encontrado no Marrocos, no sítio arqueológico de Tan-tan, este pode ser o mais antigo objeto esculpido pelo homem. A discussão é muito acalorada, pois esta escultura tem algo como 400 mil anos de idade. Quer dizer, nossos ancestrais nem existiam (nós, o *Homo sapiens sapiens*, temos apenas 120 mil anos de idade!), e muitos estudiosos acreditam que os homens primitivos desse período seriam incapazes de criar representações de figuras! Ou seja, esta peça, ilustrada à direita, pode ser apenas uma pedra estranha.

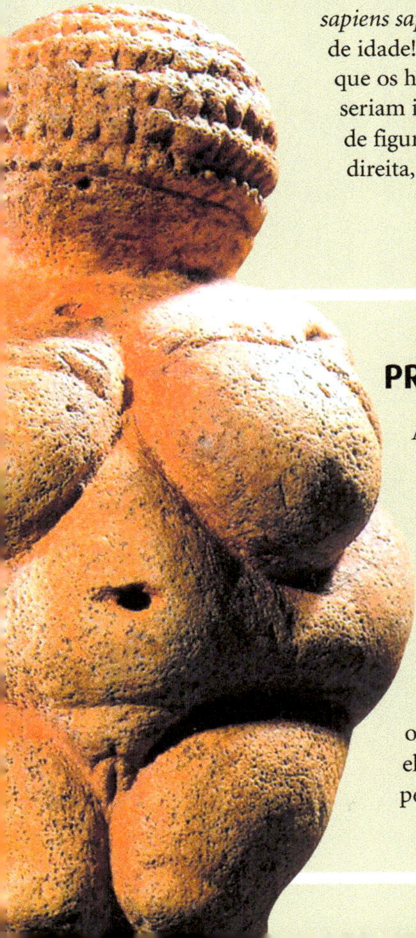

PRIMEIRA MUSA

Aqui, porém, estamos diante de uma peça esculpida certamente por um ser humano, com mais de 20 mil anos, representando uma mulher: é a Vênus de Willendorf (Willendorf, na Áustria, é o nome do sítio arqueológico onde a estatueta foi encontrada, em 1910), com 11 cm de altura. É provável que esculturas como esta tivessem uma função religiosa, relacionando a figura feminina a uma divindade. As pequenas dimensões dos objetos daquele período se devem muito mais ao fato de esses grupos serem caçadores-coletores (isto é, viviam de caçar e coletar o alimento disponível) do que a dificuldades técnicas: eles eram nômades, por isso não conseguiriam carregar peças grandes para todos os lados.

IMAGENS
DO COTIDIANO E DO PODER

Com o desenvolvimento da agricultura e da criação de gado, os grupamentos humanos se fixaram em aldeias. Viviam do que produziam, faziam seus próprios utensílios e ferramentas, seus próprios objetos e não dependiam de ninguém para sobreviver: eram autossuficientes. Seu mundo, suas crenças, seus deuses, seus mitos, seus ritos, suas festas, seus hábitos, suas obrigações, tudo era bem demarcado e nítido. Nesse mundo, as coisas eram produzidas para cumprir uma função objetiva. À medida que eram criadas (uma servindo de referência para a que seria produzida a seguir), traziam inovações de desenho e de técnicas, com soluções visuais cada vez mais aperfeiçoadas.

As cidades antigas formaram-se a partir do grande crescimento populacional e da distinção social, em que uns trabalhavam, outros mandavam. No meio dessa sociedade nova e mais complexa, em que uns são mais importantes que outros, a imagem passou a existir como utensílio ou objeto de culto e como símbolo de glória, riqueza e poder. A necessidade (e a vontade!) de se imporem ao povo e aos adversários levou homens influentes e ricos e poderosas instituições a usar parte de suas riquezas na criação e construção de imagens que lembrassem a todas as pessoas a sua presença, a sua importância e a sua influência na sociedade. Grandiosas construções, templos riquíssimos, retratos imponentes, esculturas impressionantes, vestimentas vistosas, viagens espetaculares: a imagem foi o modo pelo qual o poder, a riqueza e os deuses se fizeram ver.

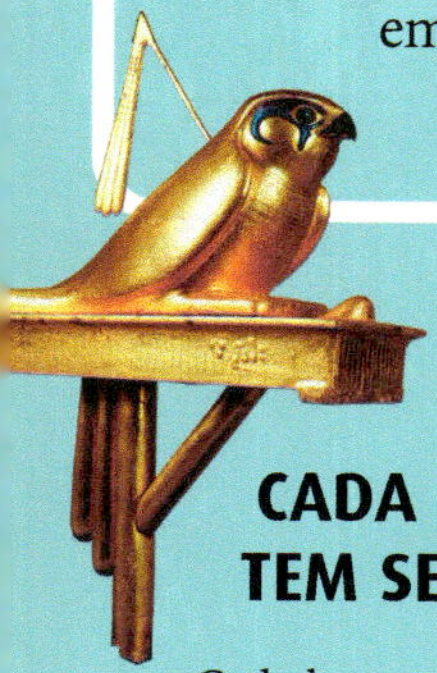

CADA LUGAR TEM SEUS MITOS

Cada lugar tem suas tradições, com imagens e referências próprias, relacionadas às suas características geográficas e climáticas, aos seus mitos e lendas e à maneira como as pessoas de cada grupo lidavam umas com as outras. Quanto maior a distância entre grupos, maiores as suas diferenças. O tigre abaixo, datado de 1700 a.C., oriundo da China, é de bronze e tem uma forma geométrica sofisticada, decorada com motivos igualmente geométricos; o estandarte à esquerda, com o pássaro, de 1350 a.C., é todo de ouro e tem uma notável delicadeza na construção de suas formas arredondadas; a peça pertencia ao faraó Tutancâmon. Esses povos não se conheciam e pouco ou nada sabiam um do outro.

VASOS E VASOS

Feitos para guardar os grãos, o vinho ou depositar os restos mortais de uma pessoa, os recipientes de cerâmica (como este vaso chinês de 2500 a.C.) ou de metal multiplicaram-se nesse período. Eram importantes fontes de inspiração e expressão para essas comunidades; neles se registravam cenas da vida cotidiana, imagens míticas ou motivos geométricos.

ESCREVER = DESENHAR

Veja, neste mural egípcio, o quadro com inúmeros pequenos desenhos: os egípcios e outros povos antigos escreviam por meio de sinais visuais; escrever era quase o mesmo que desenhar.

PODER E RELIGIÃO

No Egito, cenários espetaculares foram construídos em honra do faraó, chefe político e religioso, tido como uma divindade. Eles mesmos, durante seus reinados, os construíam para seu futuro sepultamento (que seria a glória de sua imortalidade). A pirâmide de Gizé – com 147 m de altura – e a Esfinge – com 20 m de altura e 73 m de comprimento – foram construídas durante o reinado do faraó Khufu, por volta de 2.530 a.C., para esse fim. Vale a pena comparar esta imagem da pirâmide e da esfinge com o templo de Kulkucán, abaixo.

O TEMPLO

As sociedades antigas davam grande importância a lugares consagrados aos cultos e à adoração de suas divindades. Impregnadas de misticismo, explicavam os fenômenos da natureza por meio dessas divindades. O templo dedicado ao deus maia Kukulcán, em Chichén Itzá, no México (data de cerca de 1000 d.C.), era também usado como calendário: é composto de 4 escadarias de 91 degraus, somando 364 degraus e uma plataforma no topo, ou seja, formam 365 degraus (os dias do ano).

DIFERENTES SEMELHANTES

Uma comunidade, tendo-se fixado em algum lugar, passava a enfrentar grandes aumentos populacionais. Isso a levava inevitavelmente a procurar nas vizinhanças novas áreas para expandir os campos de plantio e pasto, pois precisava produzir alimento suficiente para essa população crescente. Quando as terras vizinhas estavam ocupadas por outros grupos, ela os desalojava e escravizava ou os forçava a abastecê-la. Algumas vezes, povos vizinhos faziam alianças entre si, criando formas de abastecimento ou troca de produtos.

De um modo ou de outro, o contato entre os povos e comunidades humanas era explosivo. Trazia a conquistados e conquistadores elementos culturais, técnicos e sociais inteiramente novos, e que seriam incorporados quase instantaneamente por eles.

Se, de um lado, essa lógica da contaminação cultural e tecnológica mediante guerras, comércio, viagens e peregrinações parecia ameaçar o mundo organizado das comunidades, de outro lhes dava um novo dinamismo, ampliando seus horizontes culturais, uma vez que trazia soluções inteiramente novas, não imaginadas antes, e que

O MONARCA E SEU EXÉRCITO

Um exército inteiro de mais de sete mil soldados em tamanho natural e diferentes entre si, esculpido em terracota (técnica semelhante à da cerâmica) e acompanhado de cavalos e armamentos de bronze, representando a unificação da China, foi encontrado enterrado na tumba do imperador Qin Shi Huang Ti, em 1974. Até hoje, prossegue a pesquisa no local. Alguns guerreiros de Xi'an já estiveram expostos no Brasil.

influenciariam gerações de pintores, escultores e arquitetos em seus trabalhos. Esse fenômeno esteve sempre presente na história em todos os lugares do planeta e explica, em parte, a existência de sociedades complexas, organizadas e tecnologicamente desenvolvidas em muitos lugares (ao mesmo tempo ou em tempos diferentes), mesmo estando distantes umas das outras.

GREGO TURBINADO

Os romanos foram os grandes divulgadores da cultura grega (também chamada de cultura helênica), apropriando-se dela e disseminando-a por todo o império. Acrescente-se a isso a grande capacitação técnica que tinham para construir obras de engenharia de grande porte. Chegamos ao Panteão de Roma, um edifício de grandes proporções, um dos orgulhos da engenharia do poderoso império de Adriano no século II, acima mostrado em uma pintura de Panini, feita em 1740.

MÁSCARAS

Objeto frequente em rituais, festejos e peças teatrais, as máscaras estão presentes em quase todas as culturas. Esta máscara esquimó (nome de tribos indígenas fixadas na Groenlândia, Polo Norte), esculpida em madeira, representa a Lua, com o ar em volta. Os círculos representam o cosmos, e as penas, as estrelas.

GUERRA

São inúmeras as imagens de batalhas, com seus heróis épicos. À direita, o exército assírio de Assurbanípal luta contra os elamitas, num baixo-relevo de 680 a.C.

O BELO

A criação das imagens registrava as comunidades humanas em todas as suas faces: história, ciência, mitos, religião, vida cotidiana e rituais. De fato, tudo isso era vivido junto, não se separava uma coisa das outras. Mas o crescimento do saber humano, os novos métodos de pesquisa e de observação do mundo, e as novas relações do poder político com outros segmentos da sociedade deram início a uma lenta separação entre as coisas da religião e as do conhecimento. Isso vinha desde os gregos, no século VI a.C., mas tornou-se mais visível a partir do século XIV. Em paralelo (e cumprindo um importante papel na evolução dos acontecimentos), ocorria uma grande valorização da figura humana: nosso corpo, nossos feitos, nossa capacidade de apreender e de transformar o mundo. Agora, além da grandeza das obras e das habilidades de seus autores, buscava-se um *ideal* de beleza que refletisse essa admiração pelo corpo e pelos feitos humanos. Para atingi-lo, era preciso chegar à perfeição e ao equilíbrio das formas, o que

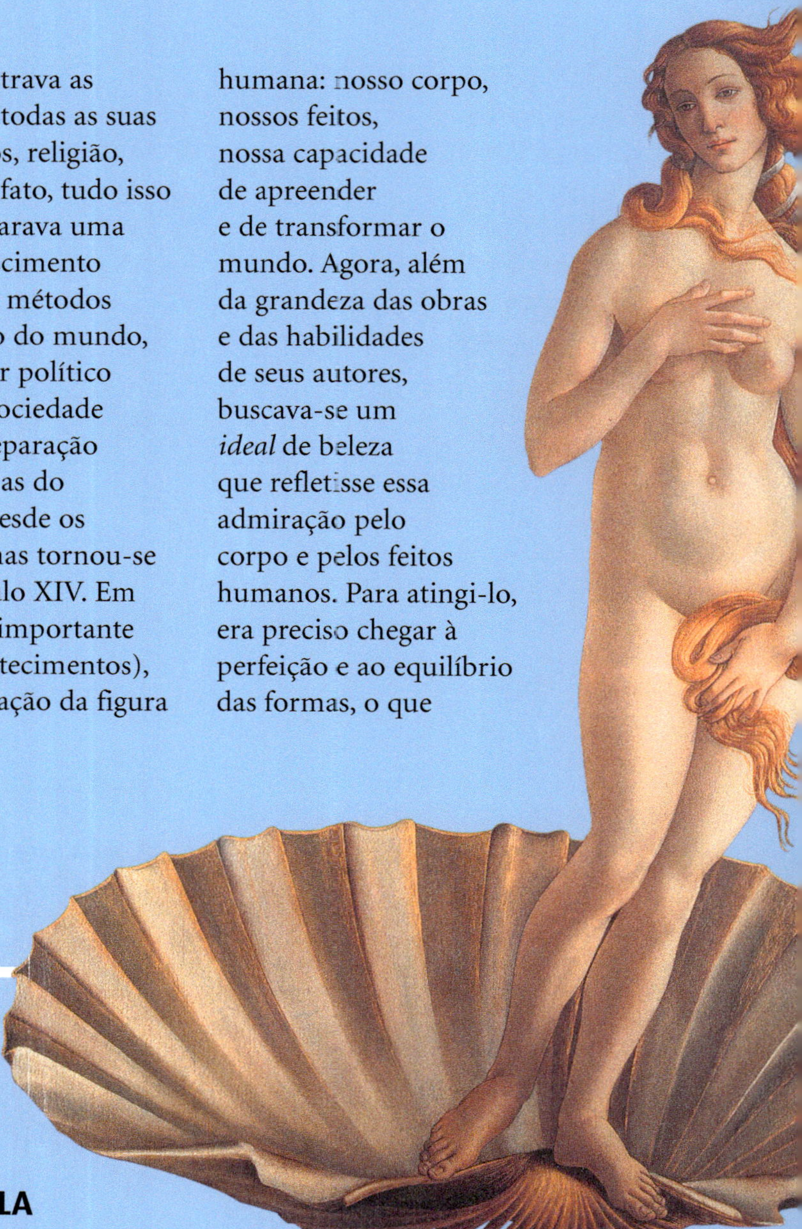

A BELA

A *Vênus de Milo*, à esquerda, representação de Afrodite, deusa grega da beleza e da paixão, do século I a.C., é um exemplo de beleza clássica. Esculpida em mármore, tem formas simples, nítidas e proporções bem distribuídas. Princípios semelhantes encontramos em *O Nascimento de Vênus*, de Botticelli (1485), acima.

só seria possível seguindo--se regras bem emarcadas. O "belo" tornou-se diferente do "bonito": o belo exige, agora, proporções exatas, técnica apurada, simetria da estrutura, escalas (tamanhos) adequadas, ritmos rigorosamente organizados, obediência a várias regras de composição (o conjunto de partes que *formam* uma obra). Já não era suficiente ser excelente, virtuoso e criativo. Era necessário também que o ato da criação obedecesse a um padrão determinado. Só assim uma obra seria "bela".

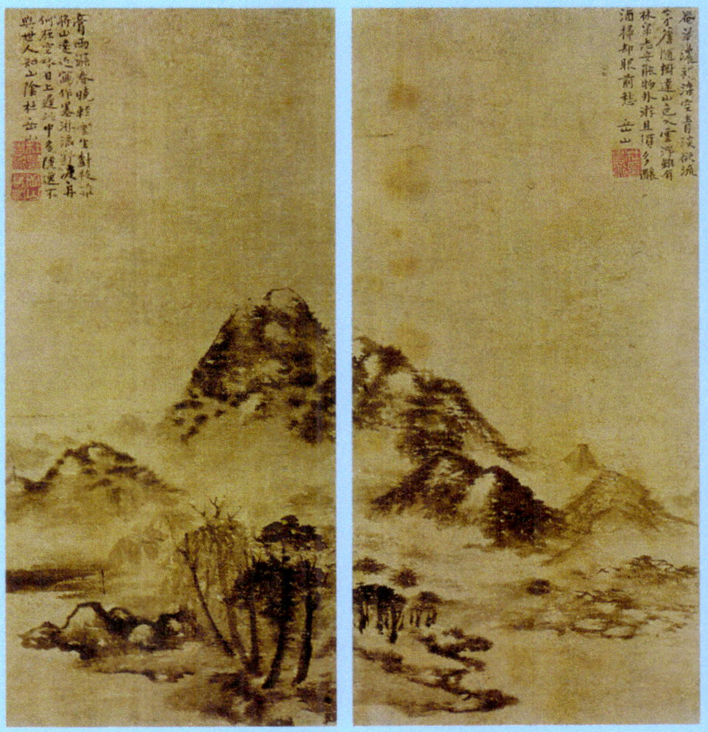

BELEZA ORIENTAL

A pintura em pergaminhos ou em papel na China tem uma longa tradição. Sua técnica, seus temas, sua delicadeza e ímpeto são passados de geração em geração de mestres para aprendizes, como nestes dois caquemomos do século XIV.

GLÓRIA AOS CÉUS

A Catedral de Notre-Dame de Paris, construída entre 1163 e 1250, em sua simetria magnífica, equilibra as áreas cheias (paredes de pedra, colunas) e vazias (pórticos, aberturas das janelas e vitrais do estilo gótico do período).

O ARTISTA, A ARTE

Se foram criados padrões para a produção de obras de arte, também se estabeleceram critérios objetivos para que elas fossem julgadas. Era, possivelmente, a forma que as instituições políticas e religiosas encontraram de controlar seus criadores (que eram pagos), mas isso deu a eles, por outro lado, reconhecimento, privilégios e distinção em seu trabalho: eram *artistas* – eles agora assinavam seus trabalhos. Suas peças eram únicas, irrepetíveis: não havia uma estátua de um artista que fosse igual a outra, de outro, em qualquer lugar do mundo: eram *obras de arte*. Homens de talento imaginavam obras especiais, que receberiam um "selo de qualidade": seriam *obras-primas*, belas, únicas. Até hoje, muitas pessoas ainda acreditam que uma verdadeira obra de arte deva seguir regras que lhe garantam essa espécie de autenticidade.

A ARTE EM SEU GRANDE MOMENTO

Os afrescos da Capela Sistina, no Vaticano, pintados durante quatro anos por Michelangelo (1508-1512), são um exemplo da excelência e vigor da produção artística da Renascença, em que o homem passa a ocupar o centro das atenções. Esta é a maior obra realizada por um homem só (Michelangelo pintou-a sozinho, deitado sobre uma estrutura de madeira próxima ao teto).

Mas a arte não cabia inteira nas regras e nos selos de qualidade. Artistas são inquietos e buscam soluções novas e surpreendentes. Querem mostrar que a vida, o mundo, não se resume a uma maneira única de se ver. Essa inquietude foi (e é!) um motor essencial à criação. Mesmo porque a vida das pessoas, e o modo pelo qual ela se organiza, está sempre em transformação, impulsionada por novas formas de pensar e por novas tecnologias. Podemos dizer que as regras servem para manter as coisas como estão e, é claro, expressam o gosto de uma época. Na verdade, elas estão sempre se atualizando, tentando incorporar as bem-sucedidas experiências daqueles que, antes, as desafiaram.

O SFUMATTO

Leonardo da Vinci, artista de muitos recursos técnicos, introduziu uma nova técnica: nas áreas de luz e sombra criou um esfumaçado que integrava essas áreas – em vez de usar uma linha demarcada. Essa área esfumaçada é o *sfumatto*, uma técnica que foi muito imitada e acabou incorporada ao modo de fazer artístico.

A PERVERSIDADE DO HOMEM

A arte sempre procura caminhos próprios e uma linguagem própria. Distante da noção clássica do "belo", o holandês Hyeronimus Bosch, na mesma época de Michelangelo e Leonardo Da Vinci, pintava não a beleza dos movimentos humanos e a delicadeza da composição, mas, sim, os horrores da maldade e da perversidade da condição humana. E de uma maneira muito própria, com figuras esquisitas, bizarras e distorcidas, como no painel central de *A tentação de Santo Antonio*. Bosch era um pintor popular e prestigiado em sua época.

ARTE PORTÁTIL

Papiros, pergaminhos (produzidos a partir de peles de animais), folhas de bambu ou seda existiam desde 3.000 a.C., no Egito, em folhas soltas ou em rolos e códices (peças muito semelhantes aos livros atuais, mas de tamanho bem maior, geralmente com "capas" de madeira). Eram, no entanto, muito pesados para carregar ou muito caros e raros para ser produzidos em grandes quantidades. Por isso, valiam como mercadorias de luxo.

O segredo da manufatura do papel a partir de fibras vegetais era guardado a sete chaves pelos chineses e só se espalhou depois de 600 d.C., levado da China para a Coreia e daí ao Japão, Índia e Arábia, chegando à Itália somente no século XII. Esse papel, muito mais barato, leve e de fácil produção, substituiu os códices e permitiu que o comércio de livros se ampliasse e se popularizasse.

Munidos de blocos e cadernos, os artistas puderam, então, esboçar e planejar exaustivamente suas obras mais complexas; outros puderam elaborar engenhocas, máquinas de guerra, desenhando-as no papel; outros ainda puderam levar seus cadernos para anotações e registros de viagens. Havia ainda os que estudavam detalhadamente modelos científicos, ilustrando-os; e os que representavam, detalhadamente, os territórios conhecidos e imaginados em mapas. O papel trouxe muita mobilidade para o exercício, o planejamento e o desenho artísticos.

Com o papel, uma outra técnica de registro se popularizou: a *gravura.* Nela, a *matriz* – uma base dura de pedra, metal ou madeira – é marcada com sulcos, feitos por ferramentas pontiagudas, e depois entintada.

ILUMINURA

Os manuscritos eram muitas vezes acompanhados de pequenos e belos comentários ilustrados. O trecho deste manuscrito do século IX narra a vitória de Petronas sobre os árabes.

Uma folha de papel é apoiada sobre ela, sendo pressionada ou friccionada com uma colher, esponja ou com uma prensa, até que fique marcada pela tinta. O papel impresso reproduz o desenho da matriz, e várias cópias desse desenho podem ser feitas, repetindo-se o processo. Assim floresceram as artes em papel: o desenho e a ilustração, que é um desenho que ajuda o leitor a entender aquilo que está escrito no texto que o acompanha.

PAPIRO

Papiro do século X a.C.

ILUSTRAÇÃO

Vemos aqui um estudo de anatomia, realizado por Leonardo da Vinci em um de seus cadernos. O artista florentino, além de desenhos e caricaturas, fez muitos esboços de aparatos militares e de engenharia.

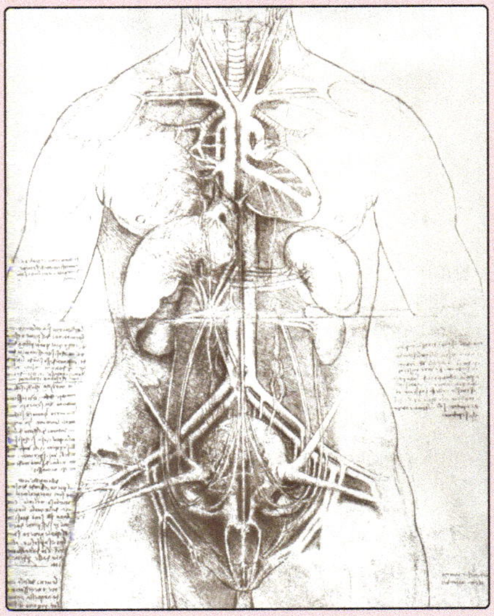

DESENHO EM SÉRIE

Grandes artistas gravadores surgiram com a chegada do papel. Um deles foi o francês Gustave Doré, que em meados do século XVII ilustrou as *Fábulas de La Fontaine*, em edição que se tornou célebre. A imagem acima ilustra a fábula "A águia e o mocho".

A PRENSA E A IMPRENSA

Os chineses, que conheciam a técnica de produção do papel pelo menos desde o século II, chegaram a desenvolver uma prensa manual com tipos móveis em madeira, em que as letras eram produzidas separadamente e se combinavam para formar as palavras inteiras. Com esse aparelho, conseguiam imprimir livros em pequenas quantidades. Mas foi somente a invenção da *prensa mecânica* e dos *tipos móveis metálicos* de Johann Gutenberg, na Alemanha, em 1450, que potencializou o uso do papel com textos e imagens impressas para uma produção em massa. Se antes era preciso copiar um livro à mão – trabalho que os monges copistas dos mosteiros faziam com maestria –, agora era possível reproduzi-lo em série, isto é, fazer quantas cópias dele se quisesse de uma só vez, a um custo baixo, tornando-o acessível a um número muito maior de pessoas.

Era o início de uma nova era, marcada por grandes avanços tecnológicos, grande expansão comercial, grande produção artística e por grandes aventuras marítimas. Foi o tempo da colonização da África e da América, da aproximação do Oriente com o Ocidente. A arte refletia a intensidade do momento: exibia um homem mais expressivo e mais próximo do homem comum, fosse explorando eventos históricos ou cenas bíblicas, retratando nobres, explorando a paisagem ou as cenas cotidianas e íntimas. A arte, do alto de seu pedestal, olhava o povo nas ruas, o ambiente à sua volta, a natureza e os povos selvagens e exóticos da América.

IMAGEM EM SÉRIE

A Bíblia de Gutenberg, de 1450, foi o primeiro livro impresso em prensa mecânica, com tipos móveis, em que cada letra tem uma matriz metálica que, alinhada a outras, cria as linhas e os blocos de um texto a ser publicado.

NOVO MUNDO, ARTISTAS VIAJANTES

A troca de informações é o motor do desenvolvimento científico. Artistas eram chamados para expedições e viagens. Tinham a missão de reproduzir as exóticas espécies de plantas, de animais e as comunidades humanas encontradas no Novo Mundo. Mas tinham uma forma de ver que não conseguia se desligar de seus lugares de origem e, por isso, eles acabavam retratando as pessoas e a natureza seguindo os modelos que conheciam e com os quais foram formados. Isso é bastante visível, por exemplo, nas telas do holandês Eckhout (primeira metade do século XVII), nas quais os indígenas brasileiros são mostrados em poses tipicamente europeias.

UMA NOVA PROFISSÃO

Com a mecanização da feitura de livros e jornais, surgem as profissões de impressor, tipógrafo, diagramador e artista gráfico. O objetivo é produzir livros, jornais, revistas e impressos com personalidade que dê a cada publicação um jeito próprio. Os tipos, isto é, o *desenho* das letras, são um dos elementos importantes desse ofício. O tipo de letra, aqui mostrado, chamado *garamond*, foi criado pelo francês Claude Garamond, no século XVI, e é muito utilizado ainda hoje.

The quick brown
fox jumps over
the lazy dog
ABCDEFGHIJKLM
NOPQRSTUVWXY
Zabcdefghijklmnopqr
stuvwxyz&01234567
89ÆÁÂÄÀÅÃÇÉÊËÈ
ÍÎÏÌŁÑŒÓÔÖÒÕØ
ŠÐÞÚÛÜÙÝŸŽæáâä
àåãçéêëèfiflíîïìñœóôöò
õøßšðþúûüùýÿzı £¥ʃ¢$

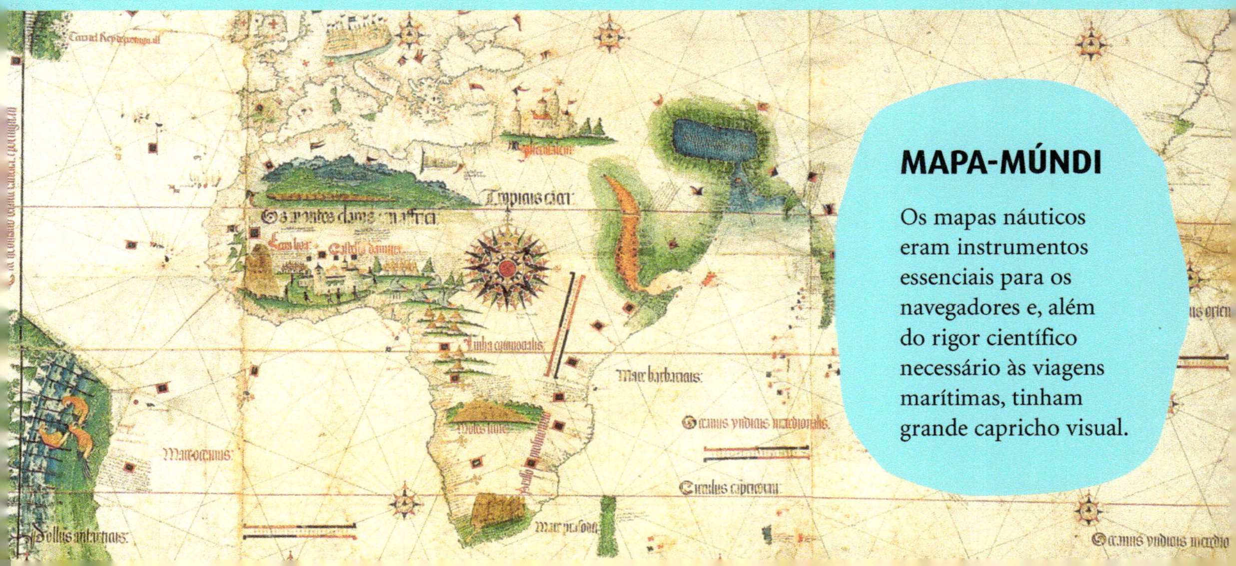

MAPA-MÚNDI

Os mapas náuticos eram instrumentos essenciais para os navegadores e, além do rigor científico necessário às viagens marítimas, tinham grande capricho visual.

NOVOS TEMPOS, NOVOS-RICOS

O poder mudou de mãos. As novas rotas marítimas, que abriram as portas do comércio para os desejados produtos do Oriente, a internacionalização das atividades comerciais, as colônias na América e na África, que trouxeram novas oportunidades de ganhos para os colonizadores, deram um novo status aos mercadores, industriais e novos empreendedores. Esses novos-ricos – os burgueses –, cheios de dinheiro, ambiciosos

VIDA PRIVADA

A arte começava a se voltar para a vida corriqueira das pessoas mais simples. Jan Vermeer, holandês, traz uma atmosfera delicada nesta tela, *A leiteira*, de 1660.

ALMA BARROCA

O barroco, no Brasil, longe da agitação da Europa, desenvolveu traços próprios num ambiente em que aristocracia, religiosidade e burguesia se misturavam. A vida nas colônias era assim: trazia elementos das culturas dominantes europeias, mas, distante da cena, adaptava as regras para seu próprio contexto. Antônio Francisco Lisboa, o Aleijadinho, escultor notável, foi um dos grandes artistas de uma época que se tornou fundamental para a arte brasileira.

e ávidos por títulos e espaço que lhes dessem respeitabilidade nos altos círculos sociais das cortes europeias – frequentadas por nobres e religiosos com posição de destaque –, se tornavam patrocinadores dos artistas e das ciências. Eram chamados de mecenas.

Enquanto isso, os cidadãos estavam cansados daqueles nobres que tinham muitos privilégios e pouco ou nada produziam; e da Igreja, que se mostrava pouco sensível às transformações dos novos tempos. Queriam ter mais acesso a objetos e mercadorias da moda.

Começaram a protestar e logo passariam a conspirar por *liberdade, igualdade e fraternidade*. Os artistas, antevendo que o mundo estava mudando, buscavam novos temas e novas maneiras para fazer suas obras. Sentiam vontade de romper com as regras de uma tradição que já começava a inibir sua liberdade de criar. As indústrias, por sua vez, cresciam com o aumento do consumo e compravam máquinas que aumentavam a produção. A vida ganhava velocidade, o consumo tornava-se importante, e o trabalho passava a ser mais valorizado.

O AMOR

As imagens começam a refletir as emoções íntimas das pessoas comuns. Jean-Honoré Fragonard, francês, foi um dos artistas que se voltaram a temas como o amor, como se vê nesta ilustração de 1780 para o poema "Orlando Furioso", de Ludovico Ariosto.

HUMOR ÁCIDO

Com a série *Los Caprichos*, de 1796-1798, Francisco de Goya y Lucientes faz um retrato impiedoso da aristocracia espanhola, exibindo situações cômicas e caricatas de seus personagens.

A IMAGEM
GANHA A REALIDADE DAS RUAS

As máquinas invadiram nossa vida. Movimento, progresso, velocidade, consumo: esses valores, hoje correntes, começaram a se formar com as primeiras fábricas equipadas com máquinas mecânicas, com a operação das primeiras linhas de locomotivas a vapor (a primeira foi em 1825, na Inglaterra), com o fim da escravidão e com a consolidação política das nações republicanas em oposição às aristocracias e à religião. A valorização do trabalho, da produção e do consumo fez com que os artistas saíssem de seus estúdios e ganhassem as ruas e os campos. O povo, a paixão, a realidade e a vida de todos os dias passaram a ser os grandes temas da arte. As ruas foram parar nas telas. Nos jornais, viam-se charges ou caricaturas, que faziam a "crônica visual" da vida, exasperando governantes e divertindo a população.

Mas uma outra grande revolução estava por vir, com um novo equipamento e uma nova técnica capaz de registrar um instante da realidade com absoluta precisão. A primeira fotografia foi tirada em 1826, mas apenas no final do século, em 1888, George Eastman lançou a primeira câmera fotográfica portátil, com um processo

A CARICATURA

O francês Honoré Daumier, além de notável pintor, foi um grande caricaturista e chargista em sua época. Por causa dessa caricatura publicada pelo periódico *La caricature*, em 1832, mostrando o rei Luís Felipe I, da França, como *Gargântua* (o famoso personagem insaciável que tudo engole), o artista, que retrata a corrupção no governo, acabou preso por seis meses.

químico de sensibilização em filme.
A entrada em cena da fotografia representou uma mudança radical na apresentação da imagem: pela primeira vez na história, a imagem era apresentada sem a intermediação do artista. Vinha inteiramente nua e despida de interpretações.
A realidade estampava-se no papel, imparcial – pela primeira vez podia ser vista como era vista por qualquer um de nós.

QUASE ABSTRATO

A industrialização popularizava agora a ideia de movimento. O inglês Joseph Mallord William Turner pintou *Rain, steam, and speed – The Great Western Railway*, entre 1839 e 1844, numa antevisão do que seria o modo de pintar abstracionista um século depois.

ALMA JAPONESA

No Japão, a arte mantinha um caráter de meditação, dentro de sua tradição. Isso, porém, não significou um amortecimento da emoção na criação. Katsushika Hokusai pintou *Sob a onda de Kanagawa*, da série *Trinta e seis visões do Monte Fuji*, entre 1829 e 1833.

ESCULTURA DO CORPO OU DA ALMA?

O francês Auguste Rodin redefiniu a escultura ao trazer expressão e movimentos teatrais às suas figuras, nas últimas décadas do século XIX. Nesta obra à esquerda, chamada *Pierre de Wiessant*, ele mostra um homem dilacerado pela angústia.

REAL REAL

Grupo de beduínos fotografado em 1870 por Michael Maslam. A fotografia trouxe uma nova perspectiva da realidade.

REALIDADE EM MOVIMENTO

Na era da produção em massa, da linha de montagem, do produto padronizado e da eletricidade, a fotografia virou uma técnica corrente. Nada havia que não pudesse ser fotografado hoje e publicado amanhã; as matérias jornalísticas, com textos fluentes de fatos testemunhados por fotos, tinham grande capacidade de convencimento. Por isso, a imprensa transformou-se em um poder bastante influente na sociedade. Tudo era registrado de forma a não deixar dúvidas sobre os acontecimentos: o voo do 14-Bis, de Santos Dumont, um automóvel, um grande comício, a guerra!

Mas serão tão imparciais e impessoais as imagens fotográficas?

Seja como for, a arte, na entrada do século XX, perdia seu caráter documental e deixava de ser intermediária entre o que acontecia no mundo e o que se registrava. Passou, então, a percorrer um caminho próprio de expressão.

Os artistas, voltando-se para dentro de si, mais intimistas, buscavam um desenvolvimento

VER PARA CRER

Aida de Acosta Breckinridge foi a primeira mulher a voar, em 1903, num dirigível projetado pelo brasileiro Santos Dumont.

INSTANTÂNEO

Com a fotografia, foi possível registrar eventos no momento em que aconteciam, revelados em sua crueza. A Primeira Guerra Mundial, de 1914 a 1918, foi a primeira com cobertura fotográfica. Ao lado, uma cena de destruição na Bélgica.

original e surpreendente para seus trabalhos; passaram a "retratar" o mundo a partir de suas experiências pessoais. Aquele ideal de beleza, o "belo", que vigorava até então, virou coisa do passado: surgem as vanguardas, grupos de artistas e intelectuais que experimentam coisas novas. Surge o abstracionismo.

Mal começara a reinar a fotografia, porém, outra invenção de enorme potencial visual vinha à tona: o *cinema* – uma técnica de fotogramas em sequência, projetados em uma superfície branca por um projetor.
Em apenas quarenta anos, o cinema foi da invenção do cinematógrafo, em 1894, até a projeção do primeiro filme longa-metragem colorido e sonoro: *Branca de Neve e os sete anões*, de Walt Disney. Daí para a frente, o cinema assumiu sua grande vocação para o entretenimento e para a ficção.

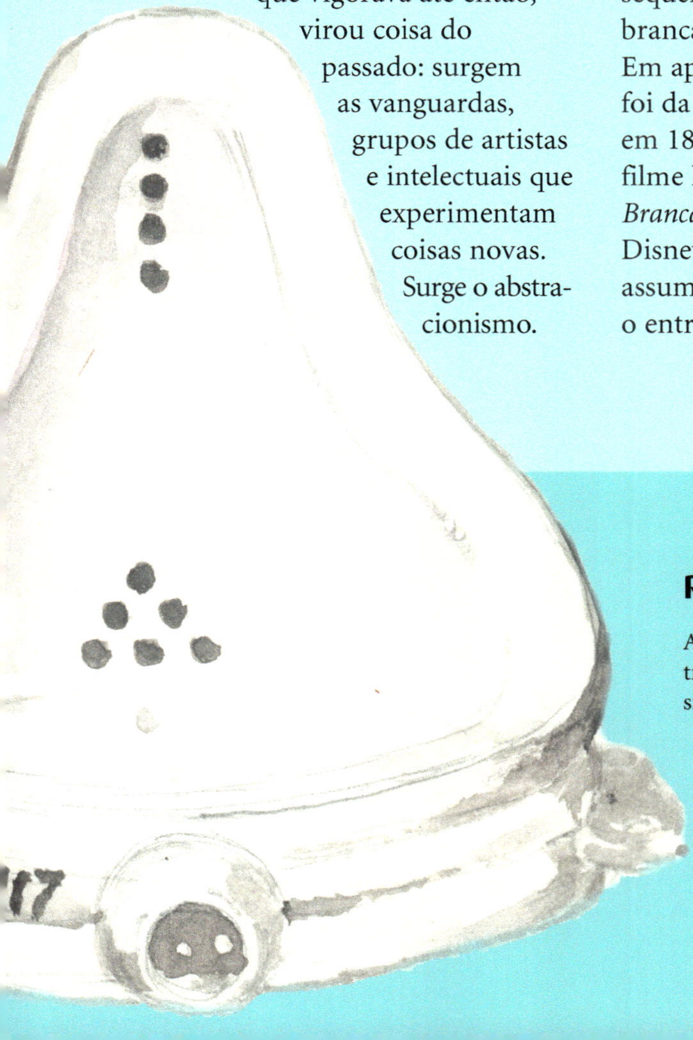

RUPTURA RADICAL

A arte entra no século XX rompendo tradições e tornando-se linguagem de si mesma. Marcel Duchamp, em 1917, sob o pseudônimo de R. Mutt, cria sua *Fonte*, ironizando a obra de arte e o ambiente que cercava sua exibição, ao apresentar um mictório em lugar da fonte.

METRÓPOLIS

Na arquitetura, alinhada com o espírito da indústria, vemos uma forte tendência de racionalização, simplificação das formas e funcionalidade das novas construções. Na criação de objetos, o *design* seguiu o mesmo padrão da nova arquitetura e conheceu um grande período de florescimento, desenvolvendo produtos para uma indústria que precisava redesenhar todas as suas formas para que se adaptassem às novas máquinas que automatizavam a produção. O *projeto* moderno tornou a máquina um símbolo desse tempo e tentava construir um homem que fosse como uma peça de uma engrenagem: social, cooperativo e solidário, parte de uma "aldeia global".

Esse sonho ruiu com as duas guerras mundiais. Mas a reconstrução das cidades, a divulgação dos horrores do nazismo, as economias tornando-se mais cooperativas e o esforço de muitas pessoas em favor de um mundo mais solidário, de certa forma, o regeneraram.

A esse esforço de reconstrução, juntaram-se dois fatores que influenciariam muito a produção visual na segunda metade do século XX: a informação e a explosão urbana. Com efeito, as cidades que abrigavam os centros políticos, econômicos e financeiros tornaram-se também grandes centros de serviço, consumo e entretenimento, oferecendo os melhores polos educacionais, os melhores empregos, as melhores salas de espetáculos, as melhores lojas... e tudo em grande quantidade.

Como resultado, as cidades cresceram vertiginosamente para o alto e para os lados. E passaram a abrigar milhões de habitantes. Essas metrópoles, centros de consumo e lazer, tinham em seus arranha-céus monumentos equivalentes aos palácios de outrora e, nos centros de compras, seus templos.

INTOLERÂNCIA...

As sociedades humanas sempre viveram um misto de horror e disfarçada fascinação umas pelas outras. Os registros em fotografia da violência nazista contra os judeus tornaram-se uma arma importante na tentativa enfática de evitar a repetição desses acontecimentos. Nesta foto, judeus idosos sendo humilhados pela polícia durante a Segunda Guerra Mundial, na Alemanha.

...TOLERÂNCIA

Cenas de solidariedade, contudo, mostram que somos também capazes de ajudar-nos uns aos outros indistintamente: à esquerda, meninos de uma escola africana aprendem a tomar leite, em projeto da Cruz Vermelha Internacional. A bem da verdade, continuamos, ao mesmo tempo, cruéis mas cooperativos como sempre fomos, não é mesmo?

SKYLINE

Arquitetura e engenharia se unem para criar o espetáculo das cidades, mais fáceis de ver do que de viver. Pudong (parte da cidade de Xangai, na China) desenvolveu-se a partir de 1980, com o forte crescimento industrial do país. A foto que registra isso é de 2004 (abaixo). Veja que os edifícios assumem ares monumentais, como se fossem palácios e templos pós-modernos.

DESIGN

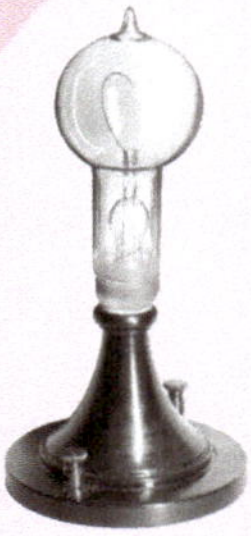

Novos materiais, novas máquinas industriais: a indústria redefiniu a vida cotidiana no nível dos objetos, com seus desenhos adaptados para máquinas de produção em série, que "cuspiam" as partes que seriam juntadas e embaladas na linha de montagem. Os objetos perdem seus enfeites e ganham uma forma justa, isto é, são redesenhados com o máximo de simplicidade para um uso o mais prático possível. Neste exemplo, vemos a primeira luminária comercializável, desenvolvida em 1928 por Thomas Edison.

O ESPETÁCULO DA VIDA

As grandes tiragens diárias dos jornais, a popularização cada vez maior da fotografia, o rádio, o telefone… A partir dos anos 1950, a informação deixava de ser privilégio de uma classe social abastada e letrada para ganhar as ruas e as casas de quase todas as pessoas. A televisão, em particular, deu-lhe a forma de imagem. De fato, a TV, o mais popular e influente meio de comunicação, tornou-se a janela do mundo. Certamente não o mundo real, mas um mundo-imagem forjado em versões da realidade e apresentado em forma de notícia, ficção, entretenimento, cultura e consumo. A TV, onde a vida é um espetáculo, é o grande palco da propaganda. Se o consumo é a religião do nosso tempo, a propaganda é sua melhor tradução.

Há registros de anúncios desde a Roma do século I, mas a primeira agência especializada em propaganda data de 1843, a americana Volney Palmer. A prática sistemática, porém, da forma como a conhecemos – anúncios em diversas mídias, estratégias de mercado, contas exclusivas –, só apareceu depois dos anos 1960, quando as agências de propaganda passaram a espalhar imagens de "sonhos de consumo" em *outdoors*, revistas, jornais, cartazes e, claro, na TV.

A VIDA: MODO DE USAR

A propaganda tomou conta da cidade. Adoradores do consumo, os homens passaram a conviver com anúncios e estratégias comerciais destinados a seduzi-los.

A produção artística, por sua vez, tomava outros rumos. De um lado, radicalizava sua linguagem, procurando sempre formas novas de se apresentar e de representar seu mundo: apareceram novas superfícies, novas técnicas e novos materiais como suporte para imagens. De outro, essa arte tornava-se mais acessível e popular, com ilustrações em livros, as eternas charges e caricaturas, a moda e a história em quadrinhos – que é quase uma inversão do texto ilustrado: é uma sequência de imagens legendadas.

ENTRETENIMENTO EM CASA

A TV trouxe informação e divertimento baratos para nossa casa. Permitiu também que produções de uns países fossem exibidas em outros. Os norte-americanos perceberam nisso grandes oportunidades de negócio e, assim como já faziam no cinema, dominaram a cena. Os seriados, como *Batman*, são uma de suas marcas mais características.

A IMAGEM MAIS POPULAR

Os quadrinhos entraram em cena, conquistando milhares de adeptos. De fácil apreensão, leitura rápida e divertida, eles nos levam a mergulhar em seu mundo de heróis, histórias, fantasias e situações inusitadas ou cotidianas. Essa imagem assumiu as mais variadas formas, desde o desenho mais simples, esquemático, até páginas trabalhadas com requintes de detalhes e vigor plástico.

MODA-IMAGEM

A moda, a partir dos anos 1950, torna-se um espetáculo com os grandes desfiles e passa a apresentar coleções mais conceituais, participando do debate artístico. O inglês John Galliano é um de seus mais conhecidos criadores, aqui apresentando modelo, para Christian Dior, de 1997.

UMA HISTÓRIA SEM FIM

O final do século XX consolidou a informação como o principal valor das sociedades contemporâneas. Todas as manifestações humanas recentes, em todas as áreas, demonstram, de um modo ou de outro, essa influência. Nas misturas de estilos, no uso de dados e informações as mais diversas; na incorporação de elementos de várias culturas, simultaneamente, na reflexão que valoriza a diferença, na internacionalização dos negócios.

O computador pessoal e as telecomunicações, que juntos formam a rede interativa de comunicação – a internet –, foram os instrumentos mais visíveis dessa revolução, transformando-se nos grandes centros de relacionamento e de negócios ao facilitar e multiplicar o uso e o fornecimento de dados e fatos. As artes passaram a pesquisar e misturar os materiais, ferramentas e suportes mais inusitados e incorporaram o vídeo, o computador e o espaço cênico às suas obras; a arquitetura e o design, com novos recursos de projeto e cálculos digitais, libertaram-se das pranchetas de desenho e produziram obras com uma liberdade formal impensável poucos anos antes.

VOLUMETRIA INUSITADA

A arquitetura, por seu caráter formal, incorpora a tecnologia com grande rapidez em todos os seus ângulos. Com a tecnologia digital não foi diferente: apresentou resultados inesperados e espetaculares, como no Walt Disney Concert Hall, em Los Angeles, de Frank O. Gehry, inaugurado em 2003, com seus volumes de construção orgânicos e truncados, distante tanto do estilo geométrico e econômico dos modernistas, quanto da mistura de estilos que vieram depois.

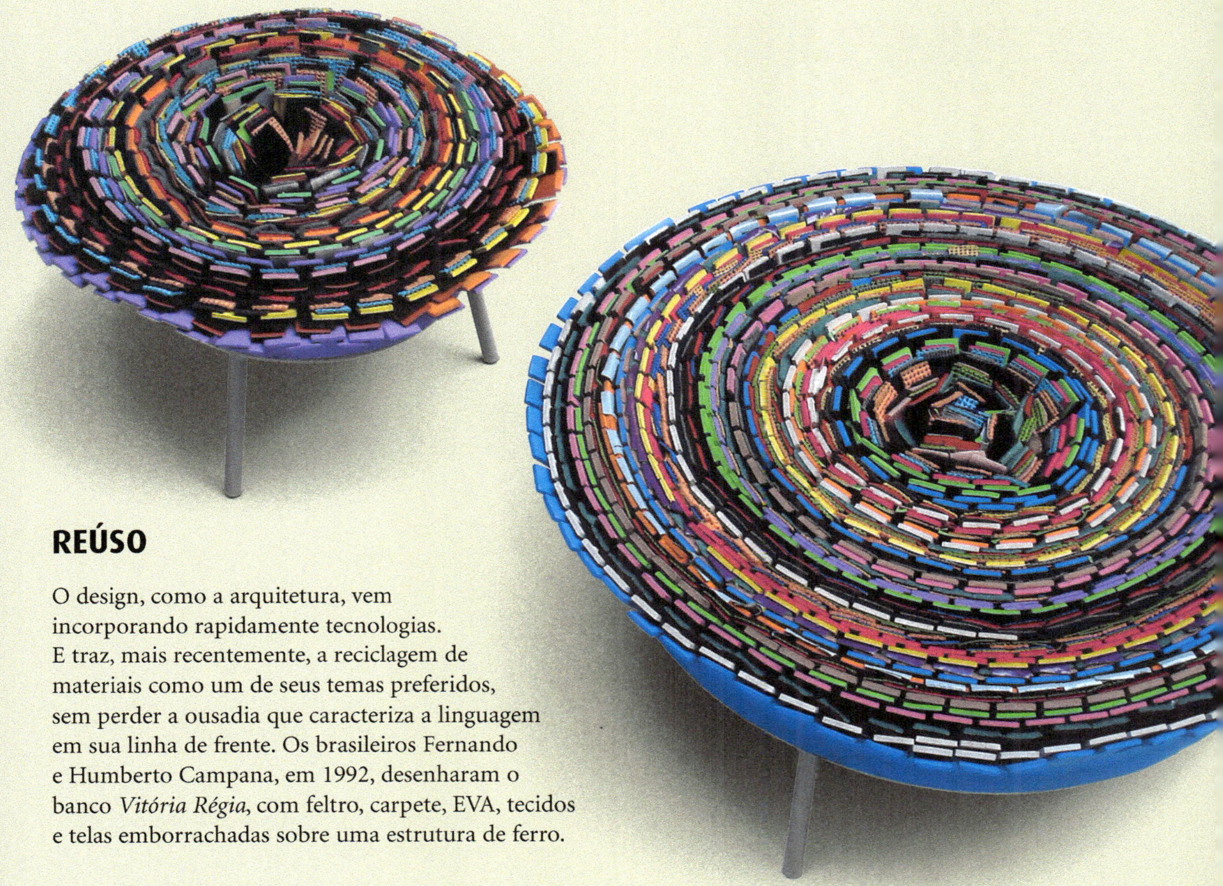

REÚSO

O design, como a arquitetura, vem incorporando rapidamente tecnologias. E traz, mais recentemente, a reciclagem de materiais como um de seus temas preferidos, sem perder a ousadia que caracteriza a linguagem em sua linha de frente. Os brasileiros Fernando e Humberto Campana, em 1992, desenharam o banco *Vitória Régia*, com feltro, carpete, EVA, tecidos e telas emborrachadas sobre uma estrutura de ferro.

MUNDO VASTO MUNDO

Regina Silveira, neste trabalho, faz uso de um edifício numa grande avenida de São Paulo para sua intervenção artística.

O PASSADO
É O COMBUSTÍVEL DO FUTURO

Tomado de imagens produzidas e exibidas à exaustão, nosso mundo parece tornar-se muito mais o que dele se diz e mostra do que aquilo que é. Mostradas sob diferentes ângulos, as imagens que vemos podem ser ou não reais, podem ser ou não exatamente aquilo que vemos. De fato, pensar e reunir argumentos sobre o que se vê nos dá melhores condições de tirar o melhor proveito das coisas. Não quer dizer que sempre devemos procurar defeitos ou más intenções. Ao contrário, a reflexão pode nos dar condições de descobrir que algumas propostas são bem melhores do que podem parecer num primeiro momento. E que outras podem ser bem piores. Pensar e avaliar significa descobrir as motivações daquele que criou a imagem. Significa perceber os pequenos e os grandes detalhes que produzem uma ideia. Significa formar opiniões próprias e pessoais sobre as coisas, discutir os valores que nos são legados. Significa, principalmente, criar nossas próprias ferramentas para o olhar e para o fazer. Porque é a partir desse exercício – de ver, captar e pensar – que estaremos preparados para criar os nossos melhores trabalhos e seremos capazes de encantar nossa comunidade e contribuir para esse grande edifício, que é o conhecimento. Basta lembrar que, se tudo aquilo que nós sabemos hoje foi estudado e acumulado por gerações e gerações para que pudesse chegar até nós, é razoável supor que temos de fazer o grande esforço de estudar, melhorar e reavaliar essa herança, para podermos passá-la à frente com novas e importantes contribuições. Criar é ampliar as fronteiras do conhecimento.

O CÉU É O PASSADO

Quando olhamos o céu estrelado, à noite, vemos nada mais que o passado. Como a luz das estrelas distantes demora anos viajando pelo espaço até chegar a nós, o que vemos é sempre o que já foi. O telescópio Hubble vem pesquisando esse passado, como neste berçário de estrelas, fotografado em 2004.

Mesmo aquela criação que rompe barreiras, aquela imagem que quebra tabus e faz o velho parecer obsoleto, mesmo estas são manifestações que se apoiam na experiência vivida de seu criador e estão, na realidade, reinventando e transformando as coisas. O passado é o combustível do futuro. E o futuro é a reinvenção do passado. Por isso, uma boa imagem não tem idade: há sempre nela um elemento contemporâneo, atual; e sempre há um elemento do passado, da História.

Do ponto de vista da imagem, olhar para o passado é compreender o presente.

ANTIQUADO?

Inegável a qualidade de uma imagem como esta, do faraó Ramsés II, do Antigo Egito, que reinou por volta de 1250 a.C. O curioso de pensar em imagens é perceber que muitas delas, pela ousadia, inventividade e precisão formais, sobrevivem ao tempo, mesmo exibidas fora de seu contexto original.

PRIMITIVO?

Esta máscara luba, de origem africana, é de uso tribal. Sua sofisticação formal é comparável às grandes obras de arte já consagradas. A qualidade da criação humana é atemporal. Num certo sentido, o tempo é irrelevante.

HERÓI...

As imagens são sedutoras e podem ter grande efeito propagandístico. Esta foto, de 1943, tornou-se célebre e representou, por anos, o orgulho norte--americano em sua gloriosa liderança na Segunda Guerra Mundial; até virou estátua. O que ninguém sabia, na época, é que era uma montagem.

...OU VILÃO?

É. As imagens são contundentes, às vezes. Com o passar do tempo, a terrível explosão da bomba atômica sobre a cidade japonesa de Nagasaki, em 1945, tornou-se outra imagem-símbolo da guerra. Símbolo de tudo o que não queremos viver.

GLOSSÁRIO

Arquitetura – É a concepção e organização do espaço utilizável pelo homem. Como trata do espaço a ser ocupado, é comum defini-la como criação de vazios.

Arte – Pensando de forma simplificada, qualquer manifestação humana que combine meditação, reflexão, comunicação e criação pode ser considerada arte.
A arte em si é inútil, do ponto de vista da utilização do objeto. Porque a arte está para além do uso. Mas o conceito é em si polêmico e tem sido debatido sempre.

Baixo-relevo/Alto-relevo – Registro de imagens sobre uma superfície espessa, no qual as figuras são obtidas por modelagem, como numa escultura, porém "presas" ao suporte. No baixo-relevo, as figuras são escavadas; no alto-relevo, elas saltam para fora do suporte.

Câmara escura – Instrumento ótico precursor da fotografia, muito utilizado pelas oficinas de pintura a partir dos anos 1400. Consiste num conjunto de lentes e espelho que captura a imagem exterior e a projeta invertida sobre uma superfície. Os artistas colocavam o suporte sobre a imagem projetada e pintavam diretamente sobre ela.

Caricatura – Retratos de personagens ou de animais com deformações irônicas, humorísticas ou expressivas de seus traços físicos.

Charge – Ilustrações de situações cômicas da vida política ou cotidiana, que satirizam e criticam o comportamento da sociedade em geral ou de um grupo.

Daguerreótipo – Essa técnica, precursora da fotografia, não utiliza o negativo. A imagem é formada diretamente sobre uma superfície polida de prata, a partir da qual se faziam as cópias, do mesmo tamanho do original.
O nome vem de seu criador, Louis Daguèrre, e foi patenteado em 1839. Foi a primeira técnica fotográfica viável comercialmente.

Design – Método de concepção e desenvolvimento de objetos ou componentes de uso cotidiano ou industrial. O *design* gráfico, uma especialidade do *design*, refere-se à criação e elaboração de peças gráficas, que incluem livros, jornais, revistas, folhetos, criação de marcas empresariais, peças de propaganda etc.
O *designer* é o profissional que cria e elabora peças de *design*.

Escultura – Modelagem feita pelo homem, criando um objeto tridimensional.
As técnicas são várias e incluem pedra, metal, gesso, madeira, argila, cerâmica, papel.

Estilo – O jeito de fazer arte. Refere-se à linguagem pessoal de um criador. Pode, também, referir-se a um conjunto de princípios adotados por um grupo de artistas que desenvolvem um mesmo modo de criar suas obras.

Gravura – Técnica de registro de imagens que utiliza superfícies intermediárias à impressão final no papel – as matrizes. O registro é feito por cortes ou pelo uso de elementos químicos. A superfície é entintada e sobre ela o papel é depositado, absorvendo a tinta. As matrizes podem ser de madeira (xilogravura – a técnica mais antiga), de pedra (litogravura) ou de metal (ponta-seca e água-forte).

Holografia – Técnica de produção de imagens em três dimensões, a partir da projeção de raios laser.

Ilustração – É o registro visual que explica, complementa ou exemplifica um texto.

Lanterna mágica – Imagens sequenciadas giravam em uma estrutura circular e podiam ser observadas por um visor.
A sensação era de movimento, como se um cavalo galopasse ou uma pessoa andasse. A lanterna mágica foi, no século XVIII, a mágica que antecedeu o cinema.

Movimento – Designa um grupo de artistas que adotou uma mesma maneira ou estilo de criar ou um mesmo objetivo em suas criações, durante um mesmo período de tempo.

Pintura e desenho – Todo registro realizado pelo gesto de alguém diretamente sobre uma superfície, com tinta, carvão, grafite ou outra forma qualquer de pigmento.

Representação – É o ato de reproduzir aquilo que se pensa ou se imagina.

Suporte – Todo e qualquer material sobre o qual se cria ou se registra uma imagem.

Técnica – O material envolvido, somado à maneira de fazer um objeto. Pode definir tanto o equipamento a partir do qual se faz uma obra como o modo pelo qual um equipamento é utilizado pelo artesão ou artista.